LES JOURNAUX

IRRELIGIEUX

DEVANT LA CONSCIENCE

ET

DEVANT L'HONNEUR

Par un Audomarois.

~~~~~~~~~~~~~~~~

SAINT-OMER

IMPRIMERIE ET LITHOGRAPHIE H. D'HOMONT

RUE DES TRIBUNAUX, 4

1879
~~~~~~~~~~~~~~~~

LES

JOURNAUX

IRRELIGIEUX

DEVANT LA CONSCIENCE

ET

DEVANT L'HONNEUR

Par un Audomarois.

SAINT-OMER

IMPRIMERIE ET LITHOGRAPHIE H. D'HOMONT

RUE DES TRIBUNAUX, 4

1879

Pour qui ces pages sont-elles écrites ?

Si peu qu'on promène les yeux sur notre ville, comme sur toutes les villes, comme sur toute la France, ils tombent sur trois classes fort distinctes de Français. — A laquelle de ces trois classes ira cette brochure ?

Voici les Catholiques. Assurément, en bien des endroits, on pourrait leur intenter un procès mérité. Leur talent et leur courage ont été courts devant une tâche difficile et sacrée que les événements actuels leur imposaient. Ils ont trop gardé le silence, trop fui le champ de bataille, trop aimé le repos, trop peu pris part aux intérêts qui s'agitent en s'entrechoquant. La vie en pantoufles et en robe de chambre a été trop la leur : bonne vie peut-être en temps de paix, mais à coup sûr détestable en temps de guerre !
Pourtant ne soyons ni injustes, ni exagérés. S'il y a eu chez les Catholiques faiblesse et inaptitude à la lutte, si les convictions catholiques n'ont eu à leur service ni assez de fermeté, ni un talent assez en éveil, et un savoir-faire assez intrépide, — néanmoins ces convictions restent pro-

fondes. Les Catholiques, ici comme ailleurs, comme partout, servent Dieu, gardent sa religion sainte comme le plus riche des patrimoines, respectent les choses religieuses, et entendent qu'on les respecte autour d'eux. Les Catholiques veulent que leurs enfants reçoivent une éducation chrétienne, ils détestent le parti-pris du blasphème et de l'irréligion ; ils savent qu'à l'heure actuelle il y a deux France : la France qui veut chasser Dieu, et la vieille France qui entend rester chrétienne : or, c'est celle-ci qu'ils choisissent.

C'est pour ces Catholiques tout d'abord que nous écrivons.

Derrière eux, et très-nombreuse, est la classe des hommes, qui, sans pratiques religieuses, ou si peu que pas, ont cependant la droiture du jugement, la noblesse de la pensée, et savent élever du sein des vilénies présentes un cœur haut et pur. Ces hommes se sont détachés volontairement de leur destinée divine, ils ont rompu avec le ciel, et fait un pacte avec le néant et la mort ; ils passent devant Dieu sans le saluer, et ont oublié qu'ils ont une âme : c'est sans doute pour eux un immense malheur. Mais néanmoins ils savent se tenir au sommet de la grandeur et de la dignité naturelles. Ils ne sont pas chrétiens : ils sont encore hommes d'honneur.

Comme tels, ils commencent à jeter sur les effervescences, les haines, les cris de rage, les complots, les destructions qui remplissent le moment présent, un œil de plus en plus inquiet et indigné. Ils n'aiment pas le mensonge, ils détestent la calomnie, ils flétrissent dans leur âme les plus forts qui écrasent les plus faibles, et couvrent d'une boue sanglante ceux qu'ils ont résolu de détruire. — Ces hommes d'honneur que nous avons en vue sont intelligents ; ils ont réfléchi, ils savent qu'une nation ne vit pas d'impiété, qu'un peuple, en qui l'on a détruit de fond en comble l'idée religieuse et morale, qui a renversé ses autels et renié son Dieu est un peuple mûr pour la décadence et prêt pour toutes les commotions sociales. On a enlevé à ce peuple la nourriture noble et pure de la religion, il se portera en forcené à des revendications furieuses. Ces hommes d'honneur et d'esprit savent cela. — Leur même noblesse les porte à respecter ce qui est respectable, et, la part faite des faiblesses personnelles et des défaillances particulières, ils honorent le magistrat sur le siége de la justice, comme le soldat sous ses armes, comme le prêtre sous sa soutane, et le religieux sous sa bure. Les coupables sont flétris par eux, mais le corps entier ils le respectent. Ils font mieux encore, ils dissimulent des écarts isolés de peur d'ébranler l'institution elle-même. Et ces hommes si respectueux et si noblement indulgents pour les grands organes du corps social, sont aussi ceux que nous trouvons les plus affables, les plus remplis de politesse et d'égard pour l'artisan et l'ouvrier.

A Dieu ne plaise ! que nous passions outre sans nous adresser à cette classe de nos concitoyens.

Ils comprendront notre appel indigné, ils apprécieront la gravité des charges que nous faisons peser sur le journalisme irréligieux et immoral, nous les conjurons de nous donner un instant et de nous lire.

Quant aux autres, aux troisièmes, nous n'avons rien à leur dire. Eux-mêmes ne nous liraient que pour nous insulter et nous regarder avec pitié. Tout est fini pour ces hommes : le parti-pris les atrophie et les immobilise : ils sont garottés dans leur haine ; ils sont rivés à leurs désirs imbéciles de destruction. Etranges hommes, entraînés, ce semble, à une volupté de haïr ! Ils haïssent la religion, ils haïssent les institutions religieuses : Pourquoi ? Eux-mèmes sont incapables de le dire. Ils haïssent les Frères : Que leur ont fait les Frères ? Ils haïssent le Clergé : Que leur a fait le Clergé ?

Ils aspirent avec une ardeur étrange, absolument inexplicable, à la destruction d'institutions honnêtes et précieuses, il semble vraiment qu'il suffit d'être innocents pour mériter leur haine, et inoffensifs pour soulever leurs homicides fureurs.

A côté d'eux, qui sont, il faut le reconnaître, les plus rares, il y a dans la même bande les *ambitieux*. C'est la plus nombreuse recrue. On a vu que la haine des institutions religieuses est la fantaisie du moment, que pour être quelque chose, sortir d'en bas, dégager l'inconnue, il faut avoir quelque petit exploit *anti-clérical* à offrir : Soit !

Eh bien donc ! « A bas la calotte ! et vive la jeune France ! » — Il en est d'autres que je mets plus bas : ce sont les *entraînés*. Ceux-là réprouvent au fond de leur âme les vilenies où le *parti* les pousse ; ils ne veulent pas le mal qu'ils font, et voudraient le bien qu'ils ont la lâcheté de ne pas accomplir. N'espérez rien de ces caractères tombés et de ces âmes vendues à la peur. Taine, dans son dernier ouvrage, quand il arrive à 93, fait la curieuse silhouette des hommes qui ne furent pervers qu'à force d'avoir peur ! Peut-être ces hommes pris de peur seront-ils bons plus tard : en attendant, soyons assurés que nous n'en tirerons rien.

Aussi ces pages ne sont pas faites pour ces variétés de la haine, de l'ambition et de la peur. Elles s'adressent plus haut, à de tout autres hommes. Ceux-ci ne sauraient ni les lire, ni les apprécier. Peut-être se donneront-ils le plaisir de les mépriser : en tout cas, qu'ils le sachent bien, s'ils parviennent à mépriser autant ces pages que ces pages les méprisent, ils auront beaucoup fait !

I

Le journalisme irréligieux et immoral devant la conscience des catholiques.

Qu'il y ait à l'heure présente une campagne furieuse, acharnée, contre la religion catholique, ses dogmes, son culte, ses institutions, ses ministres, ses corporations religieuses, ses maisons enseignantes : il serait aussi naïf à moi de l'établir qu'à mes lecteurs d'en réclamer l'assurance. Cette guerre ! mais tout la montre, tout en présente le spectacle, tout en apporte les mille bruits divers. Pas un journal qui n'en dise des nouvelles, pas un événement qui n'y touche par quelque côté.

Mais ce que tous ne savent pas, c'est l'intensité même de cette guerre, l'effrayante haine qui pousse les assaillants, le cynisme de leurs aspirations incendiaires, et la sauvage franchise avec laquelle ils étalent leurs plans de destruction. Laissons-leur la parole : mieux que personne ils nous fixeront sur l'issue, les moyens, les espérances de ce sacrilége combat.

L'un a dit : *l'abolition des formes religieuses et*

des superstitions, la pensée libre, éclairée et posi-
tive, la morale indépendante ne se réaliseront pas
forcément parce qu'on aura établi le droit commun
et que les prêtres seront libres. Il ne devrait pas
même y avoir pour le clergé, si c'était possible, de
droit à l'existence. (1) Vous entendez : « si c'était
possible » il faudrait avant toute chose anéantir le
clergé. Demandez à ces furieux quelle fut la plus
belle gloire du professeur Michelet : *C'est qu'il a*
voulu arracher au prêtre le cœur de la femme, de
l'enfant, et demandé sans relâche que l'Eglise fut
chassée de la famille, de l'Ecole et de l'Etat. (2)

« IL FAUT QUE LE CATHOLICISME TOMBE ! » (3)
IL FAUT QUE LE PAPISME SOIT ÉTOUFFÉ DANS
LA BOUE ! » (4)

A la bonne heure ! Voilà au moins qui est parler
franc ! Rien n'écœure comme nos journaux, pol-
trons dans leur audace, mesurés dans leurs coups,
et qui distinguent si soigneusement entre *cléri-*
caux et catholiques, cléricalisme et religion. —
Allons donc ! Messieurs de la petite Presse, écou-
tez vos maîtres, et soyez francs comme eux. Eux
du moins nous disent clairement où on veut en
venir : « *Il faut rendre l'exercice du catholicisme*
absolument et matériellement impossible et lui ôter

---

(1) Cité par la *Défense sociale et religieuse* du 7 juin 1876.

(2) Discours paru dans les *Droits de l'homme* quand les
restes de Michelet furent ramenés à Paris.

(3) Edgard Quinet, introduct. aux *Œuv. de Marnix* XXXIII.

(4) Marnix.

toute espérance de renaître jamais. (1) Un jeune furieux criait naguère : « GUERRE A DIEU : LE PROGRÈS EST LA ! » (2) Ses maîtres avaient dit avant lui : « *le Catholicisme est le grand adversaire de la Révolution ; c'est à la révolution qu'il appartient de l'anéantir* » (3)

Rien que cela ! Le projet de ces Messieurs est d' « anéantir le Catholicisme. Comment ? Marnix nous le disait plus haut : *En l'étouffant dans la boue ;* » Edgard Quinet ajoute : qu'il faut « accomplir cela *par la force.* » Recette simple autant qu'infaillible : traîner pendant quelque temps le clergé et les religieux « *dans la boue ;* » Puis, au moment de quelque Commune, on les fusillera et une populace ivre et abrutie piétinera en délire sur leurs cadavres ! (4)

Le grand obstacle à ces aspirations de bête fauve, c'est l'éducation par le Clergé, par le religieux, par le Frère de la doctrine Chrétienne. — Tant que l'enfance et la jeunesse seront pénétrées des idées chrétiennes, l'impiété n'y entamera rien. — Que faut-il donc ? Eh ! Parbleu ! Chasser les Frères et vider l'école de toute idée religieuse. « *L'enseignement religieux doit être exclu des établissements d'enseignement supérieur comme de tous*

---

(1) Edgard Quinet, id.
(2) Lafargue.
(3) Edgard Quinet
(4) Absolument historique : lire Maxime du Camps, *Otages de la rue Haxo.*

les autres. » (1) — *Il faut fermer l'Ecole à toute doctrine religieuse.* » (2) Alors, quand les Ecoles tenues par le Clergé seront détruites, quand les Frères seront chassés, le rêve de ces Messieurs sera accompli : *l'idée de Dieu est déjà ébranlée, il faut lui porter les derniers coups.* » (3) ... « *débarrassons-nous de ce fantôme. Avec le dernier prêtre disparaîtra le dernier vestige d'abrutissement et d'erreur.* » (4)

Catholiques, vous avez lu ? — Or, je vous ai fait grâce de cinq cents textes au moins, dont j'ai la collection. Je n'ai pas même touché à une réserve prise dans le journal ou les journaux que vous lisez. J'espère bien un jour ou l'autre y venir ; en attendant, retenez bien la devise et le cri de guerre : « *Anéantir,* plus tard, le *catholicisme* PAR LA FORCE ; » dès maintenant : « L'ÉTOUFFER DANS LA BOUE. »

Ah ! C'est là une révélation lumineuse ; c'est le fil conducteur le plus sûr à travers la multitude de nos grands et de nos petits journaux. Vous êtes surpris de tant d'histoires scandaleuses, de tant d'insinuations perfides ; toujours ce clergé lubrique, toujours ces instituteurs congréganistes en rupture de ban avec la vertu et la pudeur ; feuille-

---

(1) *Catéchisme du Libre-penseur,* pag. 221.
(2) *Le Rappel,* 19 pluviose, an 84.
(3) *De la Méthode.*
(4) Extrait de l'*Ami du peuple,* 27 février 1876.

tons, nouvelles, jovialités anciennes et modernes,
bons mots, lazzis ou l'impiété se mêle si bien à
l'injure ; puis, toutes ces religieuses retenues de
force dans leurs couvents, ces couvents eux-mêmes
citadelles de vices, repaires de mystérieuses hor-
reurs.....

Comme tous ces lâches ont bien le mot d'ordre :
ÉTOUFFER LE CATHOLICISME DANS LA BOUE !

Maintenant, catholique, j'arrive à vous. Je vous
suppose ici lecteur et abonné de l'un de ces journaux anti-religieux ; de grâce, n'esquivez pas
dans un malentendu, ne dites pas que votre journal est loin d'être de la nuance gros rouge tracée
plus haut, qu'il se prétend même ami de la religion et nullement son accusateur et son *salisseur*.
C'est là une phrase connue et une ruse devenue
vulgaire : On n'en veut pas à la religion, à Dieu ne
plaise ! on n'en veut qu'au « cléricalisme ; » puis,
cette admirable distinction faite, chaque semaine,
dans chaque numéro, on trouve moyen d'attaquer
les vérités catholiques, d'ébranler les croyances,
de jeter le ridicule sur les dévotions des fidèles ;
on ramasse dans des flots de boue des anecdotes
scandaleuses, on accuse, on calomnie, on flétrit ;
on le fait aujourd'hui, demain, tous les jours ; on
empoisonne à petite dose, on tue en multipliant
les piqûres du stylet. En réalité, et en dépit de
toute dénégation hypocrite, l'œuvre est la même,
le mot d'ordre est compris et exécuté, c'est toujours : « *Étouffer le catholicisme dans la boue.* »

Maintenant, catholique, votre place est-elle au milieu de ces ennemis déclarés de votre foi ? Vous trouver avec eux, parler comme eux, lire les impiétés qu'ils écrivent, vous nourrir des calomnies qu'ils distillent, leur prêter le double concours de votre bourse et de vos yeux, est-ce digne, est-ce convenable, est-ce permis ?

Cela est-il permis en conscience ? — NON !

Mais quoi ! N'y eut-il pas une question de *conscience* (or cette question existe et elle est grave), votre *dignité* de catholique ne suffirait-elle pas à vous faire repousser avec indignation et mépris l'injure que reçoit à chaque heure la religion que vous professez ? On bafoue crûment votre foi, votre culte, vos prêtres, vos religieux, vos évêques, votre Eglise ; ou bien, sous des airs d'innocence, on les flétrit et on s'en moque agréablement..... et vous lisez ! On vous soufflette en plein visage dans la personne de vos pères et de vos chefs, et vous souriez !

Franchement, je vous aurais cru plus fiers, et je m'attendais à voir cette feuille calomniatrice, froissée avec colère et mépris dans votre main !

Mais cette faute, ce scandale, autour desquels le journalisme irréligieux, vient d'élever une si triomphante clameur, ne sont que trop véritables. — Alors, ô Catholique, ayez la tristesse du silence, ayez la noblesse des larmes. Mais qu'un histrion vienne, en gambadant, en faire ses gorges chaudes sur les tréteaux du journalisme, que les voyous s'y rassemblent, que la foule y batte des mains, et que vous soyez dans cette foule : ce n'est plus seulement la conscience, c'est l'honneur qui vous crie : Catholique, que fais-tu là !

Et si vous vous croyez assez ferme de raisonnement et de conviction, assez robuste catholique, pour résister à l'action quotidienne de l'empoisonnement, pour ne vous sentir pas ébranlé par cette œuvre démoralisatrice de chaque jour, votre jeune fille et votre fils ne succomberont-ils pas au poison ? — Ils ne lisent pas mon journal. — D'abord, qui vous le dit ? Puis, quelle étrange chose que votre famille doive surtout, et dans un point si grave, ne vous imiter pas ! Soit ! vous les empêcherez de lire : mais ce sera en éveillant en eux la plus malsaine des curiosités.

D'ailleurs si un seuil honnête ne doit, sous aucun prétexte, être franchi par un livre et un journal immoraux, combien plus un seuil catholique ne peut-il, ne doit-il l'être par une feuille irréligieuse ? Jusques à quand les catholiques pactiseront-ils avec leurs ennemis les plus mortels ? Jusques à quand se plairont-ils dans la compagnie de ceux qui font leur métier d'insulter le catholicisme et de couvrir d'ignominie la religion ?

Les prétextes que certains et certaines catholiques mettent en avant pour continuer la lecture d'un journal irréligieux, tiennent du prodige. J'aimerais mieux que l'on dise crûment : « Ce journal me va, il m'amuse ; tant pis pour ma profession de catholique et pour ma foi. » Au moins, ce serait franc, et grâce à cette franchise ce serait compréhensible et sérieux. Mais abuser les autres et soi-même par les prétextes les plus vides, les raisons les plus saugrenues : Vrai ! cela irrite et écœure.

Une dame fort catholique, que je m'étonnais de voir l'abonnée d'un journal irréligieux, m'en donnait cette raison magnifique : « *Défunt* papa y fut toujours abonné. »—Une autre qui le lisait plusieurs fois la semaine à sa vieille mère : « Pourquoi pas? ma mère n'y comprend absolument rien ! »

On lit un journal irréligieux parce que le voisin *Jacques*, aimable homme, a offert un sous-abonnement. — Ailleurs, c'est mieux encore : on l'a pour rien. Songez donc ! obtenir gratis une corde pour se pendre et une dose pour s'empoisonner !

Un brave homme me disait avec plus de franchise que d'élégance : *Je sais bien que tout çà c'est de la blague ; mais, pas moins, ça amuse.* Voilà le vrai mot ! Le journalisme irréligieux et immoral éveille les passions mauvaises, lache la bride à l'austère et morose conscience, met en terre les ennuyeuses prétentions de la vertu, ses feuilletons lubriques chatouillent la volupté, ses cours d'assises ont du *relevé* qui appelle la faim, ses inventions scandaleuses tiennent le vice en liesse : *Ça amuse !*

Un bon nombre vous dit gravement : « Je lis, c'est vrai, mais cette lecture ne me fait absolument rien. » Parfaitement parlé ! Au-dessus d'un masque un soufflet est sans douleur, on pince un

paralysé sans qu'il s'en aperçoive, sur un vête-
ment flétri une tache ne paraît plus ! — Très bien !
mais le vrai Catholique, lui, n'a ni un masque ni
deux visages ; sa foi ne souffre d'aucune paraly-
sie, et il tient essentiellement à rester pur dans sa
conscience : « il hait le mal et fait le bien. »

J'ai souvent entendu une phrase du genre de
celle-ci : « Si je lis, c'est pour voir un peu ce qui
se dit là dedans ; je lis pour me tenir au courant
de tout..... » Voici comment mourut Calino : Il prit
une dose d'arsénic, voulant voir comment l'arsénic opérait.

Le journalisme irréligieux et immoral devant l'homme d'honneur.

C'est hardiment et avec une pleine confiance que je porte cette cause devant l'homme d'honneur. Sans doute la voix d'une autorité juste et légitime tranche puissamment la question devant la conscience du catholique, quand ce catholique est sincère, et que sa conscience ne veut pas être complice de fatales illusions : « Cette lecture est mauvaise : elle vous est défendue; vous ne pouvez, en vous y abonnant, lire et favoriser un pareil journal. » Oui, cette parole a le droit d'être forte sur un catholique, et, Dieu merci, souvent elle l'est.

Mais au point où est parvenu le journalisme irréligieux, au sein de l'abaissement où il se traîne et des perversités où il poursuit son indigne chemin, on peut lui trouver dans *l'homme d'honneur* un juge bien sévère encore.

C'est à l'homme d'honneur que je fais appel maintenant.

D'abord n'est-ce pas une chose stupéfiante que le journalisme lui-même ? Comment ! Voilà des

hommes, qui, de suite, sans repos, sans trève,
sans une minute pour réfléchir, bien loin qu'ils
aient le temps d'étudier une question et de la mû-
rir, sont obligés de parler, de discuter, de trancher, de décider de tout : questions religieuses,
questions politiques, questions sociales, philoso-
phie, littérature, histoire, polémique, économie,
commerce, que sais-je, tout ce qui se traite, du
petit au grand, du haut en bas...... Vite ! il faut
écrire, il faut donner un avis, trancher une diffi-
culté, produire une solution...... Vlan ! c'est fait !
Le journaliste a parlé. Un vrai savant eut demandé un mois de réflexion et d'étude : notre
homme, au sortir du café, entre la fin du théâtre
et le commencement de sa nuit, a craché son ora-
cle : demain les bons esprits se nourriront de ce
génie à la minute, de cette science à toute vapeur !

Ceux qui ne comprendraient pas ce que cette
précipitation en des matières souvent si graves a
d'exhorbitant : ceux-là je les plains ! Et ce n'est
pas tout. Chez nous, à l'heure présente, est journaliste qui veut. Un sot garçon a eu pour père un
journaliste : le voilà journaliste. Le premier venu,
un fruit sec de collége, un naufragé des carrières
libérales, un incapable échoué sur le sol de la
bêtise, n'a plus son vaillant, ni crédit, ni logis, ni
cœur surtout et courage : que faire de ce drôle ?
Parbleu ! Il saisit une plume, griffonne des articles,
le voilà *homme de lettres,* et il dira son fait à l'Eu-
rope tous les matins ! D'ordinaire cette espèce crie
à tue-tête contre les *ignorantins* et les *lettres d'obé-*

dience. Mais, drôle, qui t'a toi-même installé journaliste ? Sous quel contrôle? Après quelle preuve de conscience et de savoir? Avec quel certificat de bonne vie et mœurs? Avec quelle attestation que tu n'as pas la rage ? Pour traiter un cheval menacé de la morve, il faut quatre ans d'études à l'école d'Alfort : pour traiter les intelligences contemporaines, le premier venu, qui a plume et encre, peut se présenter.

Des choses écœurantes se passent dans ce journalisme sans mission, comme sans conscience. Un journaliste, garçon sans esprit ni savoir, est par là même à la merci de pédants inoccupés qui verseront leur fiel dans sa feuille. — Un même journal, selon qu'il sera acheté par un parti ou par l'autre', aura un langage absolument différent. Comme ces bandes de mercenaires que l'histoire nous montre, au Moyen-Age, servant tour à tour les deux camps opposés, ainsi un même journal aura pour sa part servi trois ou quatre politiques et suivi trois ou quatre drapeaux. Si vous avez du cœur, vous vous indignerez : allons donc ! O Caton trop naïfs ! ici, la morale c'est la caisse, la conviction politique c'est le bénéfice net, tous frais payés.

Les considérations générales qui précèdent ne doivent selon moi jamais être perdues de vue.

Mais le journalisme irréligieux est sous le coup d'inculpations bien plus graves que nous dénonçons hardiment aux hommes d'honneur. Nous ne reviendrons pas sur les textes cités plus haut :

l'honneur comme la conscience les ont jugés. Le journalisme irréligieux a plus que jamais pour besogne de jeter l'injure à la religion et au clergé, et de poursuivre d'accusations incessantes, de réquisitoires haineux, les congrégations religieuses. En somme, qu'il le fasse avec une brutale franchise ou avec une lâcheté sournoise, peu importe, toujours est-il qu'il s'efforce d'arracher la religion du cœur du peuple, et de rendre odieux et méprisables ceux qui en sont les représentants. Il fait l'œuvre que le professeur Michelet avait tant à cœur : « *Demander sans relâche que l'Église soit chassée de la famille, de l'école et de l'État.* »

Eh bien ! Cette besogne est une besogne perverse.

Elle est perverse, car une nation sans Dieu est une nation perdue ; un peuple sans Dieu est un peuple abruti dont les sauvages eux-mêmes auraient horreur ; la famille sans Dieu ne connaîtra plus la vigueur du devoir, ni la noblesse de sa destinée ; l'enfant sans Dieu sera la proie du vice et bientôt l'amère désolation des siens. Quoi ! ravir à un pauvre son morceau de pain serait un crime que nos tribunaux vengeraient sans pitié, et ravir Dieu à l'âme humaine sera chose indifférente et loisible ! Non, mille fois non ! Le journalisme immoral et irréligieux, qu'il le sache ou non, est en train de commettre un crime. Ses ordures salissent la pudeur de la jeune fille et de l'enfant, ses calomnies injurieuses, ses sarcarmes haineux, habituent l'homme-fait à mépriser Dieu et l'Eglise ; la famille qui se jette sur la pâture d'un mauvais journal est une famille inévitablement gagnée au vice et perdue pour la religion et la vertu.

Si l'œuvre du mauvais journal est perverse, ses procédés ne le sont pas moins. Ah ! c'est ici que je conjure l'homme d'honneur de bien peser toutes choses.

Dire que le mauvais journal se sert du mensonge comme de son outil propre, c'est trop peu dire, cette honte est la moindre de ses hontes : Le mauvais journal ment avec l'habileté du filou qui laisse toujours derrière lui quelque porte ouverte. Toutes les variétés du mensonge se retrouvent sous sa plume, sauf deux traits qui restent les mêmes toujours : un désir bas et ignoble qu'il a de faire du scandale : une lâcheté instinctive qui le fait fuir quand il a peur de la corde ou du fouet. Son fort, c'est l'*insinuation*..... *On dit que*..... *Il paraît..... des gens de foi nous affirment*.....

Un de ces journaux découvre que dans une communauté il se passe d'affreuses choses : on retient de force une malheureuse qui n'aspire qu'à la liberté du ciel bleu. Le fait vérifié, l'enquête finie, il se trouve que c'est purement et simplement un gros mensonge, tout est mensonge du commencement à la fin. L'un des compères reçoit la menace d'un procès et dément.... l'autre ?.... L'autre qui avait rapporté tout au long la calomnie, en est encore à la démentir.

Ainsi procèdent ces lâches. Ils blessent dans l'ombre, puis, le coup porté, ils s'enfuient. Les faits de cette nature ne se comptent plus, tant ils sont nombreux. Et ce n'est pas la seule prouesse de ces gentilshommes. Par exemple, ils s'entendent admirablement à *généraliser*. Une faute (encore, n'est-ce pas une calomnie ?) a été commise : vite ! tout l'ordre, la corporation entière sont traînés dans la boue..... Voyez-vous ce clergé ! Voyez-vous ces religieux !.....

La mauvaise presse était naguère en jubilation : une religieuse avait rôti une petite fille sur un poële ! Et ils ont eu l'effronterie de persister un mois durant dans ce conte de Barbe-Bleue.

Un homme honnête et judicieux, un homme d'honneur, attend pour condamner que la lumière soit faite et le délit prouvé. Le journal irréligieux commence toujours par traîner sa victime au bagne : Si elle est coupable ou non, on verra après !

Rien ne fait bondir le cœur comme la lâcheté de ces drôles. S'ils ne se croient pas vus, ils font rage ; se sentent-ils *filés ?*

Le Ciel n'est pas plus pur que le fond de leur cœur.

Quant la vérité et la vertu n'ont pas de journal ou de journal capable à leur service : voilà des triomphateurs superbes et des Don Quichotte de moulins à vent : mais s'ils sentent une griffe, les voilà sourds, les voilà aveugles, les voilà morts ; ils ne bougent non plus qu'un porc épic enroulé !

On en dirait long, bien long, mais l'espèce n'en vaut pas la peine.

CONCLUSIONS

Les premières sont générales :

1° N'accepter l'affirmation d'un journal que sous bénéfice d'inventaire.

2° Ne s'avancer à travers les colonnes d'un journal irréligieux que comme on s'avance en pays infesté et inconnu. Chaque buisson peut cacher un bandit, chaque creuse est une ornière. Il faut à chaque instant s'arrêter et se dire : *Est-ce vrai? Qui le prouve? N'est-ce pas démenti? Ne sera-ce pas démenti?*

3° En général, si l'on n'a pour bagage d'études que son journal, avoir assez d'humilité ou de bon sens pour s'avouer à soi-même qu'on ne sait rien.

D'autres conclusions sont plus particulières et plus étroites :

4° Est-il convenable qu'un catholique s'abonne à un mauvais journal? NON.

5° Cela lui est-il permis en conscience? NON.

6° Les prétextes qu'il met en avant pour se permettre cette lecture sont-ils vrais, sincères, valables devant la conscience et devant Dieu? NON.

Saint-Omer, TYP. H. D'HOMONT.

210